Vive la 6e !

Avertissement de conduite

Du même auteur, en grand format :

Vive le CM2 !

Du même auteur, en Rageot Poche :

Vive la 5e !

Le voyage en Angleterre

Un jeudi à la mer

La fête de fin d'année

Du même auteur, en Rageot Romans :

Vive la 6e !

Ma première boum

Rendez-vous à la patinoire

Un cœur en vacances

Ségolène Valente
Illustrations d'Isabelle Maroger

Vive la 6e !

Avertissement de conduite

RAGEOT

Cet ouvrage a été imprimé sur un papier
issu de forêts gérées durablement,
de sources contrôlées.

PEFC
PEFC/10-31-1316

Couverture et intérieurs : Isabelle Maroger.

ISBN : 978-2-7002-5152-4
ISSN : 1951-5758

Confidences en permanence

Malika a dressé son livre devant elle. Il restait un quart d'heure avant la récréation et elle n'avait plus envie de travailler. Son regard s'évadait par la fenêtre.

– Quoi de neuf avec Rémy depuis le temps ? m'a-t-elle murmuré.

Les cinquièmes avaient foot dans la cour. Rémy était gardien de but. Autant dire qu'on avait du mal à se concentrer sur nos exercices.

– Hein ? Qui ? Rémy ? ai-je sursauté.

Malika abordait le sujet que je m'efforçais d'éviter depuis deux mois.

– Oui, j'ai bien dit Rémy. T'as des nouvelles ?

J'hésitais à répondre. Jessie et Charlotte étaient assises juste devant nous. En CM2, Jessie était la meilleure copine de Malika. Mais, depuis le début de la sixième, Malika ne lui parlait plus parce qu'« on » lui avait volé son stylo-plume avec les petites étoiles. Bizarrement, le lendemain, Jessie avait exactement le même dans sa trousse.

J'avais rencontré Malika à ce moment-là et elle était devenue ma meilleure copine. Jessie s'était retrouvée toute seule. Charlotte qui n'avait pas d'amie non plus lui tenait compagnie. D'ici à dire qu'elles étaient copines, il ne faut pas exagérer. Elles ne s'amusaient jamais et ne se voyaient même pas en dehors du collège. Génial…

Régulièrement, Malika grommelait :

– Dire que je suis restée cinq ans à m'ennuyer avec le crapaud !

Elle surnommait Jessie « le crapaud » parce que son ancienne copine ajoutait « quoi » à la fin de toutes ses phrases. On rigolait bien dans son dos en l'imitant : « Koa, koa. »

Au nom de Rémy, Jessie a reculé discrètement sa chaise pour nous espionner. Ça ne m'a pas étonnée, elle non plus ne résiste pas à son charme ! Quelle fille pourrait rester indifférente à Rémy, si beau concentré dans ses buts, prêt à plonger sur le ballon à la moindre attaque ?

J'ai jeté un coup d'œil vers Yassine, le pion qui surveillait notre heure de permanence. Il était assis au bureau, absorbé par sa lecture. Il ne nous avait pas entendues.

J'ai chuchoté :

– Des nouvelles de qui ? De Rémy ? Ah non, rien de spécial, pourquoi ?

– Et dire que tu l'avais dans la poche le soir de la patinoire ! Qu'est-ce que tu lui as fait à ce pauvre garçon ?

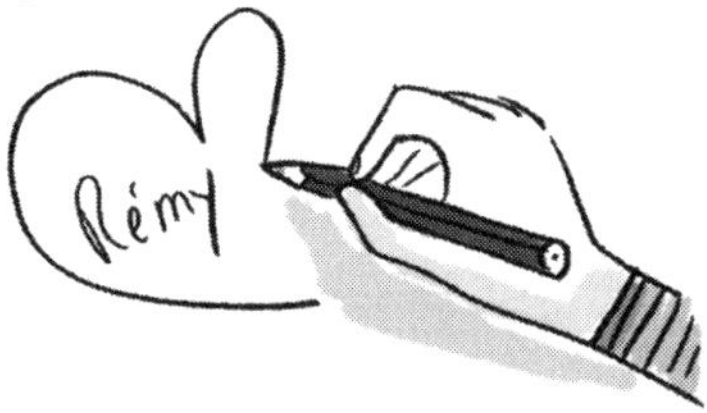

Un pincement au cœur m'empêchait de dévoiler la vérité. Ce n'était pas la présence de Jessie, ni celle de Yassine, qui me freinait. Non, si je m'étais gardée d'en parler à Malika depuis deux mois, c'est que j'avais de bonnes raisons.

J'ai pris une profonde inspiration et je me suis jetée à l'eau :

– Le lendemain de la soirée Frissons à la patinoire, Rémy m'a appelée…

– Il a téléphoné chez toi ? Rémy ?

Cette nouvelle a fait bondir Malika.

– Mais oui ! Je ne te l'avais pas raconté ? J'ai dû oublier…

Jessie a poussé un gros soupir d'exaspération, comme si on l'empêchait de travailler avec nos bavardages.

Je crois surtout qu'elle était furieuse d'apprendre que Rémy m'avait téléphoné.

J'aurais préféré arrêter là mes explications, mais Malika attendait la suite.

– Raconte ! Rémy a téléphoné…

– Pour me proposer…

– Te proposer ?

– De nous voir un jour…

– Non !!!

– Lui et moi, en tête-à-tête, pour mieux nous connaître.

– Génial ! Et alors ? Tu lui as lancé « oui, mon chéri, c'est quand tu veux, où tu veux » ?

– Pas exactement. J'ai répondu « D'accord ». On a raccroché. Et depuis…

– Et depuis ? a demandé Malika en remontant le côté gauche de sa lèvre supérieure, la mine perplexe.

– Depuis, plus de nouvelles ! ai-je soupiré. Il ne m'a pas rappelée.

– Et tu l'as laissé filer ? s'est indignée Malika, suffoquée par mon manque de réaction.

Elle avait raison. C'était ma faute si tous nos efforts pour le séduire étaient tombés à l'eau.

Je n'ai pas osé expliquer à Malika pourquoi je n'avais pas appelé Rémy. J'avais trouvé son numéro sur Internet, mais je n'étais pas censée le connaître. Et puis il y avait eu les contrôles, le conseil de classe du deuxième trimestre, les vacances, et je n'avais plus eu le courage de l'aborder au collège devant la bande à Nono.

– Mais enfin, Caillou, tu as un petit vélo dans le ciboulot ! s'est écriée Malika un peu fort.

Jessie s'est retournée d'un coup et a grogné :

– Taisez-vous, quoi ! Il y en a qui travaillent !

Malika a rétorqué tout haut :

– Pour ne jamais dépasser les neuf sur vingt, ma pauvre, ce n'est pas la peine de te donner tant de mal !

Puis elle a pouffé de rire, en m'envoyant un coup de coude complice.

Yassine nous a lancé un regard meurtrier. Il a brandi une feuille d'heures de colle en soufflant :

– Et j'en ai plein d'autres comme ça pour celles qui veulent !

On l'appelle Yassassine. Ce n'est pas pour rien. Il a horreur qu'on le dérange dans sa lecture en heure de permanence.

Je suis devenue rouge tomate. Je ne riais plus du tout. Mes lunettes glissaient. Je n'avais aucune envie d'être punie à cause d'une Malika qui veut toujours avoir le dernier mot et qui ne perd pas une occasion de se moquer des gens ! Moi qui avais fait deux trimestres de sixième tranquille sans une heure de colle…

– On a fini nos devoirs, m'sieu ! a expliqué Malika.

– Eh bien, je vais vous trouver du travail !

Ma copine s'est aussitôt rattrapée :

– Zut ! J'avais oublié l'exo d'anglais.

Elle a sorti son livre et un stylo à toute vitesse. Yassassine a repris sa lecture. J'ai redressé mes lunettes. On avait eu chaud !

Gribouillis et petits mots

Il n'était plus question de prononcer un mot. Je me suis concentrée sur mon exercice de maths pendant que Malika gribouillait rageusement quelques mots sur son cahier de brouillon. Puis elle l'a fait glisser jusqu'à moi. Elle avait écrit :

Merci de ne pas m'avoir parlé de ce coup de téléphone.

J'ai répliqué, à la suite :

Je t'avais assez ennuyée avec mes histoires.

Elle m'a arraché le cahier pour ajouter :

Ça sert à quoi les copines ?
Juste à s'aider en contrôle ?
On doit TOUT partager.

Malika était vexée.
Moi, j'étais embêtée de la décevoir.

Mais ce « tout » me refroidissait. Pourquoi avait-elle besoin de connaître l'intégralité de mes pensées ? Moi je n'avais jamais insisté pour savoir qui elle aimait.

– Qu'est-ce qu'il fallait faire, toi qui es si intelligente ?

– Lui fixer un rendez-vous tout de suite.

– Je n'allais pas lui sauter dessus !

– Madame préfère attendre la saint-glinglin ? Madame s'imagine que Malika lui tirera les vers du nez et lui trouvera une solution deux mois après ?

– Mais pas du tout. Je n'attends absolument rien de…

– Tu espérais qu'il te supplierait ? Qu'il t'appellerait jour et nuit ? Qu'il te ferait une déclaration en trois exemplaires signée par ses parents ?

Malika était en colère et haussait la voix. Elle voulait absolument me faire reconnaître qu'elle était indispensable au bon déroulement de ma vie privée.

Yassassine a fermé son livre dans un terrible claquement et s'est levé brusquement. Cette fois, j'ai cru qu'il allait vraiment utiliser « les grands moyens » pour nous punir.

Et lui, il ne s'arrête pas aux heures de colle, il va jusqu'à l'avertissement de conduite, le blâme, l'exclusion : la totale, quoi…

J'ai croisé les doigts. J'osais à peine respirer. Malika a levé la tête. Elle a fixé Yassassine du regard. Il a rangé son livre dans sa sacoche sans rien dire.

Puis la sonnerie a retenti. On s'est sauvées dans la cour.

– Merci qui ? a conclu Malika victorieuse. Je lui ai envoyé mon regard de tueuse et hop, dans la poche le terrible Yassassine ! Voilà comment tu devrais t'y prendre avec ton Rémy, Caillou ! Ne t'inquiète pas, je vais t'aider.

Charlotte et Jessie sont sorties de permanence en piochant dans le sachet de bonbons que Jessie avait apporté. Elles se chuchotaient des mots à l'oreille.

Charlotte, qui n'est pas discrète, s'est exclamée tout haut quand elles sont passées près de nous :

– Mais je n'ai rien à lui dire à Rémy !

Je l'aurais parié ! Jessie essayait de se servir de Charlotte pour approcher Rémy.

– Ne t'inquiète pas, Caillou, m'a rassurée Malika. Un crapaud ne t'arrivera jamais au-dessus de la cheville, même s'il bondit très haut.

Moi au moins, j'avais une véritable amie. Je n'avais pas besoin d'acheter des bonbons à Malika pour l'attirer. Et quand elle promet de m'aider, je peux compter sur elle. Surtout lorsqu'il s'agit de Rémy…

Rémy, le retour

Depuis notre conversation sur Rémy, les souvenirs des moments passés ensemble me hantaient jour et nuit : la boum, la patinoire, ce fameux coup de téléphone. Malika avait raison, j'avais baissé les bras trop vite. Maintenant, il fallait repartir à zéro.

Les jours suivants, j'ai cru qu'elle avait oublié sa promesse. Elle ne me proposait pas de solution. Elle n'évoquait jamais Rémy et ne m'interrogeait plus sur mes sentiments.

Dans le fond, c'était à moi de me débrouiller. J'étais entièrement responsable de la situation dans laquelle je me trouvais.

Mercredi matin, après les cours, on s'est assises sur le banc en face du collège et Malika s'est enfin décidée :

– J'ai un plan pour arranger tes affaires, Camouille. Cet après-midi, on va chez Rémy.

– Ah bon ? Il est d'accord ?

– On vire la bande à Nono et tu restes seule avec ton chéri, m'a-t-elle expliqué sans répondre à ma question.

– Mais qu'est-ce qu'il va penser de moi ?

– Il n'attend que ça depuis son coup de fil. J'ai des infos de source sûre.

Je pouvais faire confiance aux sources de Malika. Farid, son grand frère, fait partie de la bande à Nono, comme Rémy.

Ce que je craignais, c'était plutôt ses méthodes, toujours assez « musclées ». Elle n'avait pas dû prendre de gants. Je l'imaginais bien lui demander : « Tu nous as mis une bouteille de Coca au frais pour demain, au moins ? »

Le mercredi après-midi, la bande à Nono se retrouvait chez Rémy pour jouer à la PS4. Nous sommes arrivées en bas de l'immeuble vers deux heures et Malika a sonné à la porte.

– Qui c'est ? a demandé une voix à l'interphone.

– Miss France !

Soudain, au moment d'entrer, j'ai eu un doute. Et si Rémy m'avait complètement oubliée ? Et s'il était tombé amoureux d'une autre fille ? Il allait être surpris de me voir réapparaître subitement.

Mais Malika avait tout mis en place. Je ne pouvais plus reculer.

On est entrées. Rémy portait son jean baggy qui tombait sous l'élastique de son caleçon. Il mâchait un chewing-gum. Il avait l'air étonné de nous voir. À croire que Malika ne l'avait pas mis au courant !

– On ne vous dérange pas ? a interrogé Malika sans attendre vraiment de réponse.

– Si, beaucoup ! a répliqué Farid, avec un clin d'œil.

J'ai blêmi. Avec les idées de Malika, on arrivait toujours au mauvais moment ! J'aurais dû me méfier.

– Ne l'écoute pas, m'a rassurée Rémy en me proposant un chewing-gum.

– Moi, ça fait une éternité que je ne l'écoute plus, mon frère ! s'est exclamée Malika.

J'aurais dû accepter le chewing-gum pour avoir l'air décontractée. Mais sur le moment je n'ai pas osé approcher ma main si près de la sienne.

Le salon n'avait pas changé depuis qu'on était venus après la patinoire. Je me suis alors demandé comment j'avais réussi à rester deux mois dans mon coin. Et dire que j'avais attendu l'intervention de Malika pour réagir, alors que c'était si simple de sonner chez Rémy un mercredi après-midi !

Malika a flanqué vite fait Farid, Bip-Bip et Nono à la porte.

– Camille veut parler à Rémy en tête-à-tête, a-t-elle annoncé. Alors vous êtes gentils, vous les laissez tranquilles.

– Moi ? ai-je soufflé, indignée. Mais je… non, enfin…

Je suis devenue rouge comme le canapé. J'avais terriblement chaud. Rémy me fixait bizarrement. Je ne savais plus où me mettre.

Il fallait que je trouve de toute urgence un sujet de conversation : un problème en maths, un renseignement à propos d'un jeu de PS4, le prochain match de hockey, n'importe quoi !

Alors que mon cerveau tournait à toute allure, Nono a crié de la cage de l'escalier :

– Jette ton chewing-gum avant de...

Je n'ai pas entendu la fin de sa phrase, mais j'avais parfaitement compris. Rémy aussi. Il a rigolé, en accusant ses copains d'être des imbéciles.

– Il n'y a que ça qui les intéresse !

– Quoi donc ? Les chewing-gums ?

Rémy a eu un instant d'hésitation, puis il a rigolé. Je m'étonnais moi-même ; pour la première fois, je répondais avec humour. Ça m'évitait de dire la vérité.

Moi aussi il n'y avait que « ça » qui m'intéressait. C'est à cause de Malika. Avant de la connaître, je ne savais même pas ce que « ça » voulait dire.

En tout cas, si Rémy ne pensait pas qu'à « ça », lui, j'étais mal partie pour lui proposer d'une voix chaude, à la Rihanna : « Tu sors avec moi, chéri ? », comme me l'avait conseillé Malika. De toute façon, il avait gardé son chewing-gum.

Attention ! Tensions et tentations

Rémy s'est assis à côté de moi avec son téléphone à la main. Je n'osais pas croiser son regard. J'étais pétrifiée. Voulait-il ? Ne voulait-il pas ? Et s'il allait m'embrasser pour la première fois, à quatorze heures douze exactement ? Mon cœur battait à toute allure.

« Respire par le ventre, zen, détends-toi », m'aurait conseillé Malika.

Mais j'étais seule face à lui, et avec moi-même.

Une mèche cachait l'œil gauche de Rémy. Si j'avais suivi mes pensées, je l'aurais soulevée délicatement pour le regarder dans les deux yeux.

Puis j'aurais laissé approcher sa bouche vers la mienne, au ralenti, comme dans un film. Il m'aurait susurré d'une voix grave :

– On t'a déjà dit que tu ressemblais à Jennifer Lawrence ?

Il m'aurait embrassée tendrement. Un air de violon nous aurait accompagnés.

Mais je n'ai pas bougé, Rémy non plus. Il appuyait sur les touches de son téléphone. S'il avait eu l'intention de sortir avec moi, il aurait saisi l'occasion unique qui se présentait à cet instant-là. Heureusement que je ne lui avais pas fait d'avances.

Il m'a enfin posé la question fatidique :

– Tu voulais me parler ? Je t'écoute.

Aïe, j'étais coincée ! Sans réfléchir, j'ai lancé le seul sujet qui me venait à l'esprit à ce moment précis :

– Tu la trouves comment, Jessie ?

Non mais quelle idiote j'étais ! Pourquoi parler de cette peste de Jessie alors qu'on était si bien tous les deux ?

Rémy m'a répliqué, en m'envoyant un demi-sourire ironique :

– Je la trouve pas mal, pourquoi ? Tu me la conseilles ?

Je ne m'attendais pas à cette réponse et encore moins à la suite.

– Elle m'a parlé de toi et de ta copine.

– Tu la connais ? ai-je bondi.

– Oui, enfin... pas vraiment. Elle m'a écrit.

Rémy a sorti de la poche arrière de son jean une lettre pliée en quatre.

– Je l'ai reçue ce matin. Tu veux la lire ? Elle te concerne. Mais tu gardes ça pour toi, promis ?

J'ai promis et j'ai parcouru rapidement la lettre de Jessie.

– Elle voudrait sortir avec toi, tu le sais aussi ? ai-je déclaré en rendant la lettre à Rémy.

Je m'enfonçais de plus en plus. Là, il a franchement éclaté de rire.

– Vous êtes toutes pareilles, les filles ! Oui, je sais.

Il savait ! Je ne trouvais rien de drôle là-dedans ! Jessie lui avait donc proposé ? Elle m'avait devancée ? Et si Rémy avait accepté de sortir avec elle ? Il n'avait peut-être pas eu la patience d'attendre que je me décide, il avait craqué... Il n'avait peut-être même jamais eu l'intention de sortir avec moi. Finalement, je m'étais fait un film du début à la fin. Avec l'aide de Malika. En plus, c'était sûr, Jessie passerait chez lui cet après-midi... Oh non ! Ce serait terrible si elle me trouvait ici !

– Et vous avez, enfin tu lui as... elle t'a... tu as accepté ? ai-je balbutié.

Mon cœur palpitait. J'étais à deux doigts de fondre en larmes et de m'écrouler sur le canapé. Si j'avais pu, je serais partie en courant pour arrêter l'humiliation. Mais j'avais des kilos de plomb au fond de mes baskets.

Rémy a pris mes lunettes et les a posées sur la table basse.

– Il faudrait renforcer tes verres. Tu ne vois pas bien… Alors autant les retirer, ça te va mieux.

Il avait donc refusé.

Sans mes lunettes, j'étais quelqu'un d'autre. J'étais sûrement dix fois plus belle que lorsque je me regardais dans le miroir. Lui-même me l'avait dit. C'était le moment ou jamais de lui demander s'il voulait sortir avec moi. Malika ne me pardonnerait pas d'avoir encore manqué l'occasion.

Autour de moi, tout est devenu flou. Je ne distinguais même pas les expressions du visage de Rémy. Ce n'était pas plus mal pour garder mon sang-froid.

– Et tu sais sûrement que toutes les autres filles du collège…, j'ai poursuivi.

– Toutes ? m'a-t-il interrompue.

Il m'a semblé qu'il me fixait du regard. Il était à moins de dix centimètres de moi. Mais je le voyais encore trouble. Je sentais seulement son souffle sur ma joue.

Lui avouer que toutes les filles sans exception étaient amoureuses de lui, c'était me trahir moi-même et admettre que moi aussi j'avais des sentiments pour lui.

Je ne pouvais pas. Alors j'ai précisé :

– Enfin, presque toutes…

Je cherchais dans ma tête le nom d'une fille qui ne soit pas amoureuse de Rémy. Malika peut-être. Et encore ! Je me suis rendu compte que je ne connaissais même pas les sentiments de ma meilleure copine.

Il a rigolé en soulevant sa mèche.

– Ah non, j'ignorais ! J'aurai au moins appris quelque chose aujourd'hui.

Je ne savais pas s'il se moquait de moi ou s'il prenait mes informations au sérieux.

– En fait, je me fiche de savoir à qui je plais et à qui je déplais, a-t-il repris. Parle-moi plutôt de toi, c'est plus intéressant.

– Malika pense que…

– Pas Malika. Toi.

J'ai avalé ma salive en faisant un énorme « gloups ». Heureusement que je n'avais pas accepté le chewing-gum, je me serais étouffée.

Parler de moi, comme ça, sans question précise ? Par où commencer ?

Je réfléchissais toujours, quand Rémy m'a demandé :

– Tu es amoureuse en ce moment ?

Hou là là ! La discussion démarrait fort. Je n'aurais jamais imaginé qu'il me poserait une telle question !

– Je... euh... oui... enfin, c'est difficile à dire. Pour savoir si c'est vraiment de l'amour, il faut le vivre !

Je ne comprenais pas moi-même la moitié de ce que je racontais.

Rémy a enchaîné :

– Tu as raison. Mais il faut le trouver avant.

– Tu ne l'as pas trouvé, toi ?

– Peut-être, peut-être pas...

Il me fixait, j'en étais certaine. Son silence voulait dire « Et toi ? », j'en étais certaine aussi. Alors je me suis lancée :

– Moi je l'ai trouvé, mais est-ce que lui aussi...

– Tu lui as posé la question au moins ? m'a-t-il interrompue.

– Non, ce n'est pas mon genre, je suis timide.

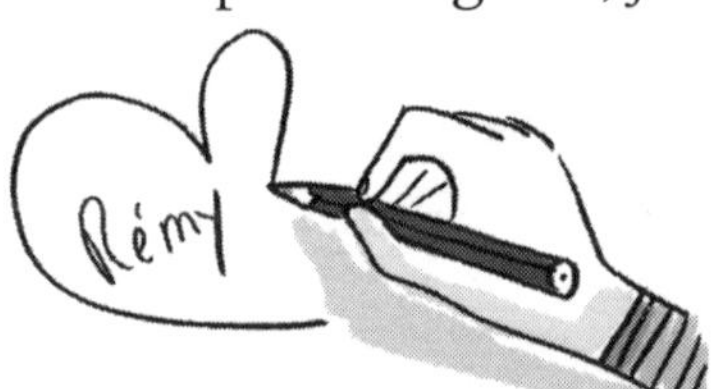

Je n'avais jamais parlé autant de moi à un garçon. J'en étais secouée à l'intérieur.

Lorsque j'ai consulté ma montre pour la deuxième fois de l'après-midi, j'ai blêmi. On était passés en cinq minutes de quatorze heures douze à dix-sept heures trente-trois !

Il fallait absolument que je rentre à la maison avant maman. Elle ne savait pas que j'étais sortie et je ne tenais pas à lui fournir d'explications.

Je me suis levée précipitamment. J'ai buté contre la table basse. Je suis tombée.

Rémy m'a tendu la main pour m'aider à me relever et m'a remis mes lunettes.

– C'est mieux comme ça, non ?

À cet instant, j'ai cru qu'il allait m'embrasser. J'étais debout face à lui. Il serrait ma main. Le temps s'est arrêté. L'émotion était à son comble. Il avait relevé sa mèche. Pour une fois, je voyais son visage entier de tout près : ses yeux, ses joues, sa bouche.

Mais il s'est contenté de me conduire dans le couloir. Je lui ai dit au revoir et j'ai dévalé l'escalier.

Les maudits mots du crapaud

Je courais dans la rue à perdre mon souffle, bousculant les passants et renversant les poussettes sur mon passage, quand, devant le fast food, une voix m'a interpellée :

– Alors, Caillou ? Il est à tes pieds, chéri chéri ?

J'ai pilé net. C'était Malika. Elle m'avait sans doute attendue tout l'après-midi. La chance d'avoir une copine aussi attentionnée qu'elle ! J'ai souri jusqu'aux lunettes.

– Alors, ça y est ? Vous sortez ensemble ? m'a-t-elle interrogée comme si sa vie en dépendait.

– Non, pas vraiment. On a discuté.

– Discuté ? Quelle drôle d'idée ! Remarque, c'est déjà mieux que rien.

Pour moi, c'était mieux que tout le reste. Mais Malika avait l'air déçue. Quand je disais qu'il n'y a que « ça » qui l'intéresse !

Elle a fait sa grimace habituelle, en relevant le côté gauche de sa lèvre supérieure, pour montrer qu'elle n'était pas ravie.

– Et vous avez parlé de quoi pendant trois heures ?

Je pouvais difficilement cacher à ma meilleure amie le terrible secret que m'avait confié Rémy.

– Tu sais ce qu'elle lui a écrit sur nous ?

– Non, quoi ?

J'avais des sanglots dans la voix en le lui racontant :

– Elle a écrit que je n'avais aucune personnalité. Elle m'a traitée de « toutou », tu te rends compte !

Malika a pouffé de rire. Je ne trouvais pas cela spécialement comique.

Ce qui me blessait, moi, ce n'était pas que Jessie pense que j'étais un toutou. C'était normal qu'elle ne m'aime pas puisque j'avais pris sa place à côté de Malika.

Mais j'étais furieuse que Rémy ait lu ces insultes avant de bien me connaître. Qui aurait envie de promener un « toutou » qui n'a aucune personnalité ? Personne, c'est sûr !

– Je comprends pourquoi il m'a fait parler cet après-midi ! ai-je soupiré. Il me testait pour vérifier si Jessie racontait la vérité.

Malika a repris son sérieux et m'a demandé, l'air anxieux :

– Et sur moi, qu'est-ce qu'elle a dit ?

Je n'étais pas très à l'aise. Je suis restée vague.

– Elle nous a traitées de gamines qui parlent toute la journée de sortir avec des garçons.

– Ah oui ? Quelle prétentieuse !

Malika reproche à Jessie de se prendre pour une grande et de mépriser toutes les sixièmes.

– Mais sur moi précisément, elle a raconté quelque chose ?

– Elle a dit que tu inventais toujours des histoires pour te rendre intéressante et…

– Oui ?

– Elle t'a traitée de…

– De quoi ? Elle m'a traitée de quoi ?

– D'hystérique.

Malika est devenue folle de rage. Elle a donné un coup de pied dans une canette qui traînait sur le trottoir et a serré les poings.

– Je la déteste ! Je la maudis ! Elle va le regretter, crois-moi !

On a marché un peu. Malika réfléchissait. Tout à coup, elle m'a questionnée :

– Au fait, c'est quoi une hystérique ?

Je ne le savais pas plus qu'elle.

J'ai répondu au hasard.

– C'est quelqu'un qui fait des histoires pour un oui ou pour un non.

Histoire, hystérique, c'était presque pareil. Et puis je ne prenais pas trop de risques. Ce n'était pas un défaut grave. Malika est capable de devenir féroce quand on la vexe. Et c'est moi qui risquais de tout prendre.

– On va lui montrer de quoi sont capables des « petites gamines », a sifflé Malika entre ses dents.

– On n'est pas censées être au courant ! ai-je précisé. J'ai promis à Rémy de garder pour moi ces informations.

– Rémy ! Je me demande si ce n'est pas lui le plus infect dans cette histoire, a conclu Malika.

– Pardon ?

– Il aurait pu s'abstenir de nous montrer ces horreurs. S'il l'a fait exprès pour nous blesser, bravo, c'est réussi ! Merci Rémy de prendre soin de nos nerfs !

Je ne pouvais pas lui laisser croire qu'il avait de si mauvaises intentions.

– Il n'aime pas qu'on dise du mal dans le dos des gens, ai-je rectifié. Moi, je le trouve plutôt courageux. Il n'était pas obligé de nous donner la lettre.

– L'amour rend aveugle, a gloussé Malika. On n'a pas idée de vouloir sortir à tout prix avec un mec aussi compliqué !

Mais je n'avais rien voulu du tout, moi ! C'était elle qui m'avait accompagnée chez lui !

D'ailleurs pourquoi tenait-elle tant à aller chez lui ? On aurait dit qu'elle avait plus envie de le voir que moi.

Cette fois, j'ai été plus ferme :

– Je te signale que c'est toi qui as insisté pour que je le revoie ! Je n'ai rien demandé à personne, surtout pas à toi !

– C'est comme ça que tu me remercies, Caillou ?

– Te remercier ?

– Pour avoir supporté ta tête de dix mètres de long pendant deux mois, ma vieille ! Tu n'arrêtais pas de penser à lui.

– Moi ?

– Ça se voyait comme le nez au milieu de la figure ! Tu crois que c'est drôle tous les jours ?

Je n'en revenais pas. Elle avait deviné que je pensais à lui alors que je n'avais rien dit ! Décidément, je ne pouvais avoir aucune vie privée et j'en avais assez.

Le ton est monté. On s'est fâchées. Malika est partie en concluant :

– Débrouille-toi toute seule avec tes histoires ! Je ne veux plus en entendre parler !

Je suis rentrée chez moi en mille morceaux. J'en voulais à Jessie qui avait mis la zizanie dans ma vie, à Rémy qui faisait exprès de ne rien comprendre et à Malika qui se mêlait de ce qui ne la regardait pas.

Rira bien qui rira la dernière

Malika ne m'a pas adressé la parole jusqu'au vendredi. Samedi après-midi, j'avais oublié pourquoi on s'était fâchées. Je lui ai téléphoné comme d'habitude. Elle aussi avait oublié sa décision. Elle avait l'air très énervée. Elle m'a lu la définition du mot « hystérie » donnée dans le dictionnaire :

– Écoute ça ! « Névrose qui peut se traduire par des manifestations telles que : hallucinations, délire, mythomanie, angoisse. » Ce n'est pas la pire des insultes ?

– Bof...

– C'est tout ? J'ai mal au ventre depuis trois jours ! Il faut qu'on se venge, a-t-elle ajouté. À deux on y arrivera mieux.

J'étais exactement de son avis.

– Tu viens dormir chez moi ? ai-je demandé.

Dix minutes plus tard, Malika était à la maison.

Elle est montée directement dans ma chambre, sans discuter une demi-heure avec ma mère comme elle fait d'habitude. Elle s'est assise sur ma chaise de bureau et a déclaré :

– Bon, tu as des idées ?

– Ben…

– Moi oui ! Le crapaud a choisi la lettre, on lui répond par une lettre. De toute façon, je n'ai pas son adresse mail. Tu as une feuille ?

Une seule feuille n'aurait pas suffi. Je n'ai pas compté le nombre de brouillons qu'on a jetés à la poubelle avant d'aboutir à notre chef-d'œuvre : une superbe lettre d'insultes. On a rigolé du début à la fin. Malika a de l'imagination.

Au moment de la recopier au propre, elle m'a tendu le stylo en prétextant :

– Jessie reconnaîtrait mon écriture au premier coup d'œil.

J'ai pris ma plus belle écriture et j'ai écrit :

Koa koa, sale crapaud baveux,

On espère que tu vas bien pleurer en lisant cette lettre.

Tu te prends pour une star, mais personne ne veut se mettre à côté de toi en classe, alors pose-toi des questions. Charlotte accepte parce que tu lui apportes des bonbons. Elle est trop bête pour se rendre compte que tu l'achètes !

On voulait aussi te prévenir : tu es trop moche pour plaire aux garçons avec tes boutons sur le nez et tes cheveux pleins de nœuds.

Nos petits conseils avant de te quitter :

1 – N'essaie pas de nous parler, on t'enverra promener.

2 – N'essaie pas de travailler, tu n'y arriveras jamais.

3 – N'essaie pas d'embrasser un garçon, tu vas lui refiler tes boutons.

4 – N'insiste pas avec Rémy si tu tiens à la vie.

Signé : le toutou et l'hystérique.

PS : la prochaine fois, si tu as des choses à nous dire, sois courageuse, dis-les-nous en face, sinon ça ira très mal pour toi… très mal.

Malika a fait les dessins d'horreur : des crapauds avec de la bave violette et des yeux globuleux. Ils étaient parfaits. Plus je rigolais, plus elle en rajoutait.

Lorsqu'on a mis la lettre dans l'enveloppe, j'ai eu un doute.

– Rémy et Jessie ne sortiraient pas ensemble sans qu'on le sache ?

– Tu peux en être sûre, Caillou ! Sinon ton Rémy ne passerait pas ses mercredis après-midi avec ses copains, crois-moi. Il aurait mieux à faire.

J'étais rassurée.

On a imaginé la tête de Jessie à la lecture de notre lettre et j'ai complètement oublié mes doutes.

Sur l'enveloppe, on a indiqué :

À LIRE
JUSTE AVANT DE SE COUCHER
GROS CAUCHEMARS ASSURÉS

Ce n'était pas sympa, mais elle l'avait bien cherché.

Lundi matin, à la récré, on a été voir Antoine. Il était en train de relire son cours d'histoire. Il révise même quand on n'a pas contrôle. Je lui ai demandé gentiment :

– Tu peux donner cette lettre à Jessie, s'il te plaît ?

Antoine est le premier de la classe. Malika l'appelle Tournesol, parce qu'il a toujours la tête dans ses cours et jamais dans la réalité.

Elle affirme qu'il est secrètement amoureux de moi. Je ne sais pas si c'est pour ça, mais il a accepté la mission que je lui confiais sans poser de questions. Le reste de la semaine, on a attendu la réaction de Jessie et de Charlotte. Elles n'ont fait aucune remarque spéciale à propos de notre lettre. On s'est demandé si elles l'avaient bien lue. Jessie avait peut-être mis l'enveloppe directement à la poubelle en reconnaissant mon écriture.

Vendredi, en allant au cours d'histoire, Malika m'a même suggéré :

– C'est à cause de ton Antoine. Il ne lui a pas donné la lettre, j'en suis sûre !

Mon Antoine ? Il n'était pas plus à moi qu'à elle.

– Tu entends, Caillou ? C'est à cause d'Antoine !

Le traître ! Il avait peut-être ouvert l'enveloppe, lu la lettre par curiosité et refusé de jouer le facteur.

On s'est tournées vers Antoine. Il était en train de sortir son livre d'histoire de son sac à dos. C'est alors qu'une enveloppe qui ressemblait étrangement à la nôtre a glissé par terre.

Il l'a ramassée illico. Il s'est tourné vers moi tout penaud et s'est mordu les lèvres.

– Oups, j'avais complètement oublié ! s'est-il excusé.

Quel imbécile ! Il était sincère, on pouvait le croire. Lorsqu'on lui avait confié la mission, il était tellement plongé dans ses révisions qu'il avait oublié de remettre la lettre au crapaud.

– Quel idiot ce Tournesol ! s'est exclamée Malika en remontant le côté gauche de sa lèvre supérieure. On a perdu cinq jours !

Antoine a appelé Jessie et lui a remis la lettre. Jusque-là Mme Pinson n'avait rien remarqué.

Il valait mieux pour nous. Mme Pinson est la prof la plus sévère du collège. On l'a surnommée Mme Glaçon parce qu'elle ne sourit jamais et nous jette des regards froids dès qu'on pense à autre chose qu'à son cours d'histoire.

Jessie a saisi l'enveloppe. Puis elle l'a posée sur le coin de son bureau.

– Elle est folle ! m'a soufflé Malika, paniquée. Pourquoi elle la laisse ici ?

On a surveillé la lettre jusqu'à la fin de l'heure. On a croisé les doigts pour que Mme Pinson ne tombe pas dessus. Le cours s'est bien terminé. On avait eu chaud.

Tout le week-end, on a imaginé la tête de Jessie à la lecture de notre lettre. On espérait qu'elle nous ferait des excuses et nous supplierait de lui pardonner. On verrait, si on était de bonne humeur…

Mais plus le temps passait et plus j'avais des doutes. On avait été un peu dures quand même. On aurait peut-être dû réfléchir davantage aux conséquences. Mais ce qui est fait est fait. On ne pouvait pas retourner en arrière.

Convoquées chez le principal

Le lundi matin, assises sur notre banc préféré à l'entrée du collège, on a guetté l'arrivée de Jessie. On ne l'a pas vue arriver ou alors on l'a loupée. Seule Charlotte est passée devant nous, la tête dans son sachet de bonbons pour éviter notre regard. On a fini par rentrer quand la cloche a sonné.

En première heure, on a cours d'anglais. M. Littlebit a fait l'appel. Tout le monde était là, sauf… Jessie.

– Bien joué ! a ricané Malika. Elle a tellement honte qu'elle n'ose plus venir au collège !

Moi je ne rigolais pas.

– Tu ne crois pas qu'on y est allées un peu fort ? ai-je demandé. Et si un drame était arrivé à cause de nous ? Désespérée, Jessie aurait fugué. On n'y avait pas pensé à ça !

– Tu regrettes ? Ne te bile pas, ma vieille ! Notre crapaud baveux doit avoir un rhume. Rien ne l'atteint à part les microbes et certainement pas les insultes !

– Qu'est-ce que tu en sais ?

– Elle est plutôt du genre bloc de glace comme fille, tu peux me croire, j'ai l'expérience.

Moi à sa place, je n'aurais pas supporté. Je me serais enfermée dans ma chambre à double tour et j'aurais changé de collège. Si j'ai survécu aux insultes de Jessie, c'est bien parce que Malika était là.

On travaillait sur un exercice, quand quelqu'un a frappé à la porte. J'ai pensé que c'était Jessie qui arrivait en retard. C'est sa spécialité.

Yassine est entré.

– Camille, Malika et Charlotte sont convoquées dans le bureau de monsieur Longver, a-t-il déclaré sèchement.

À cet instant, mon cœur s'est arrêté de battre. Convoquées chez le principal en plein cours ? C'était du jamais vu !

– Elle a cafté, a marmonné Malika entre ses dents.

C'était la fin du monde ! Je n'aurais jamais dû écouter ma copine, je n'aurais jamais dû lui montrer la lettre de Jessie.

On s'est levées. Le silence régnait dans la classe. Les pires rumeurs allaient bientôt circuler dans tout le collège.

On a suivi Yassine dans le couloir. Il marchait raide comme un piquet, sans rien dire. Sans doute essayait-il de garder en mémoire le dernier paragraphe qu'il venait de lire. Les fers de ses chaussures claquaient sur le carrelage.

Charlotte regardait ses pieds pour ne pas croiser notre regard. On lui a demandé ce qui s'était passé, mais elle a fait mine de ne pas savoir. En fait, je crois qu'elle ne voulait plus nous adresser la parole si Jessie n'était pas là.

– On était sympas avec toi avant, a insisté Malika. Tu pourrais nous donner quelques informations quand même !

Mais Charlotte est restée muette.

Malika s'est alors tournée vers Yassine.

– Pourquoi on est convoquées chez Longver ? s'est-elle indignée.

– Monsieur le principal, a-t-il repris froidement.

– On n'a rien fait ! C'est de l'injustice ! Je ne veux pas manquer une heure d'anglais juste avant notre grand contrôle.

– Je serais toi, je ne ferais pas la maligne, a répliqué Yassine.

Mes jambes se sont transformées en guimauve. J'ai eu envie de m'évanouir et de me réveiller à la fin de la journée à l'infirmerie.

Juste avant d'arriver au bureau du principal, on est passées devant la classe de Rémy. La porte était ouverte. Rémy nous a aperçues et nous a regardées d'un air interrogatif.

On a répondu par une moue étonnée. Mais on savait très bien.

On est entrées dans le bureau du principal. Mon cœur battait à cent à l'heure.

Jessie était là, un petit sourire vainqueur sur les lèvres. À côté d'elle se trouvait un homme qui devait être son père. Charlotte s'est immédiatement approchée d'eux.

Longver a posé les mains sur la table.

– Savez-vous pourquoi vous êtes convoquées dans mon bureau, mesdemoiselles ?

– Pas du tout, a répliqué Malika avec un léger sourire. Mais on va bientôt le savoir !

C'était le moment de baisser les yeux et de pleurer pour se faire pardonner.

– Effectivement vous allez même le savoir tout de suite ! a déclaré Longver, effaré par son impertinence.

Le principal, furieux, a brandi notre lettre et a lancé sèchement :

– J'attends vos explications, jeunes filles.

– Ce n'est pas nous, m'sieu, a dit Malika. Vous vous êtes trompé de personnes.

Nier l'évidence ne ferait qu'empirer les choses. Il valait mieux tout avouer. Mais j'étais pétrifiée et je ne pouvais pas prononcer un mot.

– Ce petit jeu ne marche pas avec moi, mademoiselle Bentoumi ! a grondé le principal de sa grosse voix.

À ce moment, j'ai marmonné :

– Oui, c'est nous.

Puis j'ai regardé la lettre avec une expression consternée. Un des crapauds baveux et boutonneux dessinés par Malika me fixait d'un air méchant. Je me suis mordu les lèvres pour ne pas éclater de rire. C'était nerveux. En réalité, j'avais plutôt envie de pleurer.

Toutes nos excuses

Le principal a posé la lettre sous nos yeux. Il a pointé le doigt dessus et a lancé :

– Ce que vous avez écrit est grave. Très grave.

Il a lu à haute voix certains passages, insistant sur les mots, l'air accablé :

– « On espère que tu vas bien pleurer en lisant cette lettre… N'essaie pas de travailler, tu n'y arriveras jamais… » Et le bouquet final, les menaces : « Si tu tiens à la vie, sinon ça ira très mal pour toi… » ! Jusqu'où comptiez-vous aller ?

Lue sur ce ton macabre, c'est sûr, la lettre faisait peur. Mais on ne l'avait pas écrite dans cet esprit-là. On voulait juste s'amuser.

– Elle l'a bien cherché ! a lancé Malika.

– Vos histoires de cour de récréation ne m'intéressent pas, a rétorqué le principal. De surcroît vous n'avez même pas eu le courage de signer de vos vrais noms. Bravo ! On écrit des lettres anonymes à présent ?

– Pas si anonymes que ça puisqu'on se retrouve dans votre bureau, a enchaîné Malika.

Le principal a continué sans daigner lui répondre :

– Dans mon établissement ce genre de comportement lâche et haineux est inacceptable. Où vous croyez-vous ? Dans le Bronx ?

On se taisait. Il nous a fixées avec insistance.

– Ou dans un film d'horreur ? a renchéri le père de Jessie. Ne serait-ce pas l'influence du film *Scream* par hasard ? Certains parents sont inconscients des dégâts que provoquent ces horreurs sur la jeunesse d'aujourd'hui.

Scream était justement le film qu'on avait regardé chez Rémy, le soir de la patinoire. Enfin, regardé c'est beaucoup dire. En fait, on ne l'avait pas supporté plus de dix minutes, après on avait fait autre chose.

– Savez-vous que des adolescents ont commis des crimes atroces après avoir visionné ce film ? a enchaîné le principal.

Les larmes me sont montées aux yeux. Il nous prenait pour des criminelles en plus !

Longver a croisé les bras et a conclu :

– Tout d'abord, vous présentez vos excuses à votre camarade Jessie et à Charlotte que vous avez égratignée au passage.

On s'est excusées bêtement. On ne pouvait pas faire autrement.

– Acceptez-vous ces excuses ? a demandé le principal à Jessie et Charlotte.

Elles ont acquiescé avec un mouvement de tête. Jessie se mordillait la langue pour s'empêcher de rire aux éclats. Elle était fière de son coup.

Son père a déclaré :

– Bon, vous êtes réconciliées maintenant, ça ne se reproduira plus ?

Je fixais mes chaussures. Malika regardait le principal dans les yeux. Je sentais son coude qui frôlait le mien. J'étais persuadée que le cauchemar allait prendre fin. J'avais tort. Après un « d'abord », on trouve toujours un « ensuite ».

– Ensuite, vous aurez deux heures de colle, a ajouté Longver.

– Deux heures de colle pour ça ? s'est indignée Malika. Elle n'a eu que ce qu'elle méritait ! On ne va pas se laisser marcher sur les pieds non plus !

Longver est devenu rouge pétard. Il a tapé du poing sur la table et sa voix a résonné jusqu'au bureau de la secrétaire :

– Et un avertissement de conduite ! Peut-être que cela vous aidera à prendre conscience de la véritable portée de votre acte !

Mes yeux se sont mis à piquer comme s'il avait envoyé de la bombe lacrymogène.

Moi ? Un avertissement de conduite ! Alors que j'ai eu les félicitations aux deux premiers trimestres ? Ce n'était pas possible ! J'ai éclaté en sanglots.

Lorsque Longver a essayé d'appeler nos parents, Malika a fondu en larmes à son tour et l'a supplié :

– Mon père est cardiaque et ma grand-mère ne parle pas français.

Longver ne l'écoutait pas.

Moi, ça me soulageait presque qu'il appelle mes parents. Ils seraient moins terrifiants que le principal en colère. Mais il n'a réussi à joindre personne.

Il a alors ouvert nos dossiers.

– Quel gâchis d'en arriver là, des jeunes filles si intelligentes ! s'est-il exclamé.

Il a mis une photocopie de la lettre dans chacun de nos dossiers. On pouvait faire une croix sur le lycée, maintenant. Une vie sans espoir nous attendait.

Explications et complications

On est sorties du bureau du principal en larmes. Yassine nous a ouvert la salle d'anglais pour qu'on récupère nos affaires puis il nous a envoyées en récréation.

Quand on est arrivées dans la cour, tout le monde nous a sauté dessus, mais on n'a répondu à personne.

Antoine m'a lancé :

– La prochaine fois, tu te serviras de quelqu'un d'autre pour jouer le facteur !

– Excuse-moi, je…

Mais il est parti avant la fin de ma phrase.

Malika marmonnait :

– Un avertissement pour ça ! De quoi il se mêle, Longver ? Est-ce que je lui demande pourquoi il drague la remplaçante de français ? Chacun ses affaires.

Malika était bien capable de conseiller à Longver de s'occuper de la remplaçante. Je ne l'écoutais plus quand, en nous croisant, Jessie a lancé à Charlotte :

– Elles ont pleuré !

Et Charlotte, la traîtresse, celle qu'on protégeait parce qu'elle n'avait pas d'amies, a rétorqué que c'était bien fait pour nous.

– On va demander conseil à Nono et à mon frère, a proposé Malika. Ils ont déjà eu un avertissement.

On a rejoint la bande à Nono, installée à côté des toilettes.

Lorsque Rémy a aperçu nos yeux rouges et nos kleenex, il a eu l'air embarrassé, comme si c'était sa faute.

– On a un avertissement à cause de Jessie, a annoncé Malika.

– Bienvenue au club ! a clamé Nono.

On a expliqué comment on en était arrivées là : la lettre, le père de Jessie, le bureau du principal.

– Je constate qu'on peut te faire confiance pour garder un secret ! s'est exclamé Rémy.

Je me suis sentie minable de ne pas avoir tenu ma promesse.

– C'est simple, vous niez tout en bloc, nous a conseillé Nono. Ce n'est pas vous, vous n'avez rien vu, vous n'avez jamais entendu parler de cette histoire.

– C'est trop tard. On s'est déjà dénoncées, j'ai répondu.

– Ah ! C'est plus embêtant alors... Là, vous êtes dans la merde.

Nono résumait bien la situation. J'aurais dû adopter sa méthode : tout nier. Surtout qu'on n'avait pas signé de nos vrais noms. Mais pour moi c'était délicat, on pouvait reconnaître mon écriture.

Malika n'avait pas pris le risque d'écrire. Au début ça m'avait semblé normal mais, à présent, je trouvais ça bizarre. Avait-elle imaginé qu'on se retrouverait devant le principal ?

Farid nous a tapé sur l'épaule en rigolant :

– C'est qu'une histoire de filles ! Un avertissement pour une lettre ! Vous vous en souvenez quand on a déclenché la bagarre de petits-suisses à la cantine ? Ça c'était grandiose !

– Il fallait envoyer un bon coup de poing dans le ventre à cette fille. Vous n'en auriez pas entendu parler ! a conclu Nono.

Maintenant Malika semblait toute fière d'avoir un avertissement. Moi, je pensais déjà au moment où il faudrait expliquer à mes parents les détails de l'affaire.

La journée s'est écoulée dans l'angoisse. Je suis rentrée à la maison en traînant les pieds. J'ai attendu dans le salon pendant une éternité et même plus. J'avais préparé mon discours. Surtout, annoncer les événements dans l'ordre pour bien faire comprendre qu'on n'était pas des criminelles.

Papa a suffisamment d'humour pour me réconforter par une pirouette du genre : « Ils vous ont pris au pied de la lettre. Ah, ah, ah ! Au pied de la lettre… »

Pour une fois, je m'efforcerais de rigoler. Et on en resterait là.

C'était surtout la réaction de maman qui m'inquiétait. Elle prend tout au premier degré. Je l'entendais déjà : « Mais qu'est-ce qui vous est passé par la tête ? Je vais t'organiser un rendez-vous avec un psychologue ! »

Je regardais la télé quand maman est arrivée avec Tom, mon petit frère.

– Comment vas-tu, Caillou ? m'a-t-elle demandé comme chaque soir.

– Bien, ai-je répondu machinalement, absorbée par une annonce pour *Scream*.

Soudain, tous les événements de la journée me sont revenus en mémoire. J'ai bondi du canapé et je l'ai rejointe dans la cuisine.

– Euh, non... je ne vais pas bien du tout ! C'est la catastrophe.

– Ah bon, la catastrophe, a répété maman en rangeant les courses paisiblement. Raconte-moi.

J'avais pleuré toute la journée. Et juste au moment où il fallait que j'éclate en sanglots pour attendrir maman, rien à faire. Je n'avais plus une larme.

– On va sûrement être renvoyées du collège avec Malika, c'est un cauchemar.

Dans la précipitation, j'avais complètement raté mon explication.

J'ai essayé de reprendre depuis le début, mais je me suis emmêlée dans un méli-mélo d'informations :

– À cause de la lettre, crapaud, Jessie, enfin euh... convoquées chez le principal, euh, avertissement conduite.

Maman est restée calme. Elle m'a demandé de répéter dans l'ordre et en détail. J'ai pris ma respiration et j'ai commencé le récit de notre mésaventure.

– Ça va s'arranger, ne t'inquiète pas Caillou, m'a consolée maman. Mais qu'est-ce que vous avez écrit dans cette lettre au juste ?

J'essayais de m'en souvenir quand papa est rentré du travail. En voyant ma tête décomposée, il s'est senti obligé de lancer :

– Ouh ! Ce n'est pas la joie ici ! Je retourne au bureau, c'est plus rigolo !

Je n'avais pas le cœur à rire. Je lui ai expliqué mon histoire et annoncé mon avertissement. Papa est devenu blanc. Je ne l'avais jamais vu de cette couleur-là.

Et puis il s'est mis en colère.

– Mais vous êtes inconscientes ! Ses parents auraient pu contacter la police et déposer une plainte contre vous pour menace de mort !

Mon cœur s'est mis à palpiter.

Je n'avais pas pensé à la police, ni au tribunal, ni à la prison.

– Depuis que tu fréquentes Malika, c'est la débandade, a ajouté papa. Vous ne pensez qu'à vous et tant pis si le monde s'écroule. Il ne manque plus que tes notes dégringolent !

J'ai essayé de protéger ma copine :

– Ce n'est pas sa faute, c'est moi qui ai eu l'idée...

– Je te conseille gentiment de prendre tes distances. Ne te mets plus à côté d'elle en cours. Et ce week-end, je ne veux pas la voir à la maison !

– Mais... je...

– Un avertissement ! Vous l'avez bien mérité ! Et ce n'est pas fini. Vous allez voir ce qui va vous arriver au conseil de classe. Tu réfléchis à ce que tu fais parfois ?

À ces mots, je n'ai pas eu besoin de me forcer pour pleurer. J'ai couru dans ma chambre. Je me suis jetée sur mon lit en serrant mon oreiller de toutes mes forces.

Rémy pouvait-il imaginer à quel point j'étais malheureuse ?

Pétition contre une démission

Sur les conseils de maman, j'ai rédigé une lettre à l'attention de Jessie parce que des excuses orales ne suffisaient pas. Le lendemain matin, je l'ai lue à Malika.

Jessie,
Nous te prions de nous excuser pour la peine que nous t'avons causée. Notre geste a dépassé nos pensées. On voulait juste te faire une farce.
Camille et Malika

– Pas mal, c'est bien écrit, a-t-elle lancé sans enthousiasme. Et tu vas en faire quoi exactement ? C'est dangereux d'écrire des lettres par les temps qui courent.

– J'ai l'intention de la lire ce matin devant toute la classe ! ai-je déclaré fièrement.

C'est ce que m'avait suggéré maman. J'avais même répété chez moi devant le miroir pour ne pas buter sur les mots.

Malika a écarquillé les yeux.

– Devant toute la classe ? Ça t'avancera à quoi ? Ne te fatigue pas, l'avertissement est sûrement déjà posté.

– Si tu ne veux pas la lire avec moi, tant pis. Je la lirai sans toi.

Après tout, si Malika n'avait pas l'intention de s'abaisser devant Jessie en public, c'était son problème. Moi, je ne voulais rien avoir à me reprocher plus tard.

Au début du cours d'histoire, je suis donc allée demander à Mme Pinson si je pouvais lire ma lettre d'excuses devant la classe.

Elle m'a renvoyée sèchement à ma place et a commencé d'une voix grave un discours terrible :

– Hier, j'ai appris une nouvelle qui m'a é-normé-ment contrariée, a-t-elle déclaré en décomposant bien les syllabes. Je n'ai pas dormi de la nuit en sachant que parmi mes élèves, les meilleures de mes élèves, deux filles avaient commis un acte d'une telle méchanceté.

Tout le monde s'est retourné vers nous. Jessie avait les yeux qui pétillaient et le sourire jusqu'aux oreilles.

– Et l'autre crapaud qui bave de joie ! a marmonné Malika.

– Oui, tu as raison, la guerre est déclarée. Et pas question que je lise ma lettre d'excuses, j'ai chuchoté d'une voix blanche.

Mme Pinson n'avait pas fini la séance de torture publique.

Je tremblais comme une feuille. Si j'avais eu la force, je serais sortie de la salle en courant pour rentrer chez moi.

– Ce n'est pas un comportement digne d'une déléguée et d'une suppléante. J'espère que vous aurez l'intelligence de démissionner, a conclu la vieille sorcière.

Là, je me suis écroulée en larmes sur ma table. J'étais plongée dans un vrai film d'horreur.

Je ne me souviens plus de la suite. Mme Pinson a dû reprendre son cours, satisfaite par l'effet de son discours. J'ai juste senti le bras de Malika sur mon épaule.

Mais personne n'aurait réussi à me consoler à ce moment-là. Personne sauf Rémy. Se doutait-il au moins de mon désespoir ? Je ne l'avais pas revu depuis que j'avais eu l'avertissement.

Je suis arrivée à la cantine comme un zombie. Je ne pouvais rien avaler. Charlotte lorgnait mon plateau, la bave aux lèvres. Je lui ai tout donné.

– Tu es sûre ? Merci Camille.

– Ça ne te dérange pas de laisser Caillou mourir de faim, a protesté Malika devant mon plateau vide.

– C'est elle qui m'a donné son repas ! s'est défendue Charlotte.

Et elle l'a englouti en trois minutes. Elle me donnait envie de vomir.

Toute la classe, à l'exception de Jessie et de Charlotte, nous soutenait. Paolo a fait circuler une pétition contre notre démission, parce qu'on avait eu le courage d'écrire ce que tout le monde pensait à propos de Jessie la prétentieuse. Même Antoine a passé l'éponge.

– Pas facile à réviser, le contrôle d'anglais de cet après-midi ! s'est-il exclamé en s'asseyant à notre table.

Malika s'est brusquement tournée vers moi et a fait sa grimace habituelle.

– C'est la cata ! a-t-elle articulé avec peine.

On avait complètement oublié ce contrôle-bilan sur tout ce qu'on avait étudié depuis le début du trimestre. On est sorties précipitamment de la cantine et on a révisé comme on a pu pendant la récréation. J'étais désespérée. Papa avait raison : en plus de l'avertissement, ma moyenne allait baisser.

– Ne t'en fais pas Camouille, m'a rassurée Malika. On n'y touchera pas à son contrôle. J'ai ma petite idée.

Au début de l'heure d'anglais, on est allées voir le prof à son bureau.

Malika a fait ses yeux doux et a susurré :

– On peut aller à l'infirmerie ? Camille ne se sent pas bien.

Le coup de l'infirmerie, c'était l'astuce de Malika pour échapper au contrôle. Littlebit m'a observée et a répliqué :

– Non, vous allez vous asseoir.

– C'est urgent, vous ne comprenez pas ? a chuchoté Malika.

Mais Littlebit nous a interdit de quitter la classe en prétextant que le contrôle était long.

Comme je n'étais pas convaincante dans le rôle de la malade, Malika s'est mise à toussoter et s'est écriée :

– Si je tombe en hypoglycémie, ce sera votre faute.

Elle a sorti ses affaires en répétant :

– Je n'ai pas envie de faire son contrôle, je n'ai pas envie...

Elle est retournée voir M. Littlebit pour une ultime tentative afin qu'il repousse le contrôle d'anglais. Il lui a répondu qu'il ne pouvait pas se le permettre. Il restait dix jours avant le conseil de classe et trois jours pour remplir les bulletins.

Le conseil de classe ! Je l'avais oublié. Tout allait nous tomber dessus en même temps : la baisse de la moyenne d'anglais, l'avertissement de conduite...

– S'il vous plaît, a supplié Malika. Je n'ai pas eu le temps de réviser, ma grand-mère est...

– C'est non ! Vous assumez vos bêtises ! a-t-il conclu sèchement en inscrivant la date au tableau.

Alors lui aussi savait ! On était maudites de tous les profs.

J'ai sorti une feuille. Je n'arrivais même pas à écrire mon nom tellement je pleurais.

Et ça n'a fait qu'empirer par la suite. Littlebit nous a demandé de rédiger une lettre à une correspondante ! Ce contrôle a été le pire de mon existencc. Je ne suis pas près de recommencer à écrire la moindre missive, en anglais ou en français !

Cette semaine-là, on est allées à nos deux heures de colle comme prévu. Ce n'était pas aussi terrible que je le craignais. On a eu une rédaction comme punition.

Le sujet était : « Qu'est-ce que je n'ai pas le droit de faire au collège ? » On a juste parlé des dégradations matérielles et du manque de respect envers les professeurs.

Malika a conclu avec la phrase suivante : « Le reste ne regarde que les personnes concernées. » La formule était bien trouvée.

Jessie est même restée une heure avec nous parce qu'elle avait répondu avec insolence à la prof de maths, Mlle Borniche.

Antoine a réussi à convaincre la prof d'histoire de nous maintenir dans notre rôle de déléguée et de suppléante en lui présentant la pétition. Il a assuré que toute la classe était contre cette démission, ce qui était vrai.

Je n'aurais jamais cru qu'Antoine ferait ça pour nous, surtout qu'il était vraiment fâché qu'on se soit servies de lui pour jouer le facteur. Je l'ai remercié. Il m'a répondu que c'était son devoir de délégué.

À la maison, papa était muet. Quand maman a proposé de prendre un rendez-vous avec le principal, il a déclaré que c'était à moi de régler mes affaires.

Je pensais à Rémy sans arrêt. Malika avait raison. Il était responsable de la situation dans laquelle on se trouvait. S'il ne nous avait rien confié, on n'aurait rien su et on ne s'en serait pas portées plus mal. En plus, maintenant que la situation s'envenimait, on n'entendait plus parler de lui.

Non, je n'avais pas le droit de dire ça. C'était injuste d'accuser Rémy. Il n'y était pour rien. Et puis, peut-être ne m'avait-il pas complètement oubliée… qui sait ?

Visite interdite

Samedi matin, Malika m'a appelée. Elle surveillait le courrier depuis une semaine et elle venait d'intercepter une lettre du collège. C'était sûrement l'avertissement. Je devais l'avoir reçue également.

– Tes parents sont au courant ? ai-je interrogé.

– Pas question ! Je laisserai la lettre sur la table lundi matin avant de partir au collège. Ils auront la journée pour s'en remettre. Et moi je gagne un week-end tranquille ! Facile !

– Et si le principal téléphone chez toi avant lundi ?

– Il a autre chose à faire, si tu vois ce que je veux dire.

Malika était persuadée que Longver draguait la remplaçante de français à présent, puisqu'il avait fait taire les rumeurs concernant la prof de maths.

– On se voit quand ? a demandé Malika.

Je redoutais cette question.

– Je dois rester à la maison.

Malika a paru ennuyée. Elle a dit « Ah ? » et elle a réfléchi.

– Tu n'as pas le droit de sortir, mais je peux quand même venir te voir ! s'est-elle indignée.

– Non. Mon père est catégorique. D'ailleurs s'il me surprend au téléphone, ça va barder.

Je n'allais pas lui avouer que papa me déconseillait de la fréquenter. Ça l'aurait vexée à jamais.

– Il n'est pas si drôle qu'il en a l'air, ton père ! a remarqué Malika. Tu lui diras qu'il me déçoit.

– C'est ça. Je n'ai pas assez de problèmes avec lui, je vais en rajouter !

On a raccroché en se souhaitant un bon week-end. J'étais triste. J'avais besoin de parler à quelqu'un et Malika était la seule qui pouvait me comprendre.

J'aurais bien discuté avec Rémy de mes soucis mais cela l'intéressait-il ? Et d'ailleurs que faisait-il à cet instant précis ? Pensait-il à moi ? Je l'avais peut-être déçu à jamais avec cette histoire. Ah Rémy ! Si seulement il pouvait être avec moi en ce moment !

En début d'après-midi, mes parents et mon frère sont partis faire des courses. Je suis restée seule à la maison.

La voiture avait à peine franchi le carrefour que j'ai entendu du bruit au rez-de-chaussée. J'ai tendu l'oreille. La porte d'entrée grinçait. Était-ce un cambrioleur ?

J'ai pris la raquette de tennis de mon frère, au cas où, et j'ai descendu quelques marches sur la pointe des pieds, sans respirer.

Je me suis arrêtée net lorsque j'ai entendu des chuchotements. Pour des voleurs, ils n'étaient pas discrets. Et si c'était Jessie qui venait régler ses comptes ? Ça pouvait être le début d'un nouveau film d'horreur : *Jessie la vengeance*.

Je serrais la raquette de toutes mes forces, prête à me défendre. Les murmures se sont tus. Je n'entendais plus que les battements de mon cœur quand une voix m'a interpellée :

– Hou hou !

Je me suis plaquée contre le mur. La raquette tremblait. Qui a oublié de fermer la porte à clé ?

– Caillou ? Tu es là ?

Et Malika est entrée. J'ai soupiré de soulagement et j'ai baissé la raquette.

– Alors, quel est le score ? a-t-elle rigolé.

– J'ai eu peur ! J'ai cru que…

– T'es toute seule ?

– Oui, mais pas pour longtemps. Tu es folle de venir ici ! Si mon père te voit…

– Ce n'est pas ma faute. C'est lui qui a insisté.

Qui ça, lui ? Elle désignait quelqu'un derrière elle. C'était peut-être Antoine qui venait me réconforter.

Je me suis penchée contre la balustrade et j'ai aperçu, éclairés par un rayon de soleil, des baskets aux lacets détachés et un jean troué. Oui, c'était LUI !

Il s'est approché. Lorsque j'ai croisé son regard, j'ai failli m'évanouir, basculer dans le vide et tomber dans ses bras.

Je ne rêvais pas. Celui qui avait insisté pour venir c'était bien lui, Rémy !

Rémy et Malika ont retiré leurs baskets et sont montés dans ma chambre. Après tout, on avait le temps de discuter tranquillement, mes parents ne rentreraient pas avant trois heures.

Malika et moi, nous nous sommes installées sur mon lit.

Rémy ne tenait pas du tout en place. Il a posé son téléphone sur mon bureau et il a fouillé dans mes CD.

– T'as que de la musique de filles ? a-t-il demandé.

Il a mis le disque qui lui déplaisait le moins, puis a ajusté les boutons pour trouver le « bon » son.

Il s'est adossé à la fenêtre et a annoncé, sûr de lui :

– Ils ne vous le donneront pas, votre avertissement. Ils cherchent juste à vous faire peur.

– Tu as l'air bien sûr de toi, s'est exclamée Malika. C'est le principal en personne qui te l'a dit ?

Rémy est resté dans le vague puis il a changé de sujet. On racontait du mal de Jessie et on rigolait bien quand, soudain, il y a eu un bruit de voiture dans l'allée. J'ai jeté un coup d'œil par la fenêtre. Je me suis retournée, toute blême, vers Rémy et Malika et j'ai soufflé :

– Mes parents ! Ils arrivent !

Moi, je me serais dénoncée spontanément en descendant avec Malika et Rémy, mais ma copine a pris l'initiative des opérations.

– Il faut trouver une cachette ! a-t-elle déclaré.

On avait cinq minutes, le temps que mes parents rangent les courses.

Mon frère Tom est monté immédiatement. Je lui ai fermé la porte au nez.

– Tu ne veux pas voir la surprise qu'on t'a achetée ?

– Je m'en fiche de ta surprise ! ai-je rétorqué. Mêle-toi de tes affaires.

Tom est parti dans sa chambre en répliquant :

– Tant pis pour toi, je la donnerai à Malika.

C'était gentil d'avoir pensé à moi, enfin à Malika, mais on avait des préoccupations plus urgentes.

Malika a déniché tout de suite une bonne cachette. Elle s'est glissée sous la couette. C'était parfait, elle était invisible.

On a eu plus de mal pour Rémy. On ne trouvait pas d'endroit à sa taille.

Malika lui a proposé :

– Viens avec moi, il y a de la place sous la couette.

Rémy, dans mon lit avec Malika ? Et puis quoi encore ?

Même en cas d'extrême urgence, c'était hors de question. Ça me donnait la chair de poule rien que d'y penser.

On a tout essayé. Derrière les rideaux, Rémy était visible en contre-jour. Il ne tenait pas sous le bureau et derrière la porte c'était trop risqué. Si quelqu'un entrait dans la chambre, il recevrait la porte dans la figure.

On a entendu des pas qui s'approchaient, ceux de mon père certainement. On a fait une dernière tentative, dans la penderie. C'était la bonne.

Papa a frappé à la porte. J'ai fermé l'armoire, Malika a remonté la couette sur elle. J'ai caché le téléphone de Rémy sous ma trousse. Papa est entré.

Cache-cache partie

Ma tête tournait comme une cocotte-minute et j'avais du mal à respirer. Ce n'était pas mon genre de faire des coups dans le dos de mes parents. Ça n'allait pas très fort entre nous alors s'ils découvraient Rémy et Malika je perdrais leur confiance jusqu'à la fin de mes jours.

Papa avait l'air embêté. Il a déclaré :

– Tu sais Caillou, parfois dans la vie…

Lorsqu'on commence une phrase ainsi, il faut s'attendre à un discours interminable.

J'ai jeté un coup d'œil vers mon lit. Mon sang n'a fait qu'un tour : une mèche brune dépassait sur le drap blanc. Si papa s'en apercevait, j'étais très mal.

Tout en le fixant droit dans les yeux pour que son attention ne se disperse pas, je me suis assise dessus. J'ai entendu un petit « aïe ! » sous la couette. J'avais oublié que Malika était douillette des cheveux.

Pendant ce temps, papa poursuivait son discours :

– On peut se tromper, aller trop loin. L'essentiel est de reconnaître que…

Je ne savais pas s'il parlait pour moi ou pour lui.

Je sentais la respiration de Malika sous mon bras. Je pensais à Rémy qui devait étouffer dans l'armoire. Et, en même temps, il fallait que je fasse semblant d'écouter papa.

– Tu sais, je ne t'en veux pas. Ça peut arriver à tout le monde. Qu'est-ce qu'un avertissement dans une vie ? Quand on sait que…

D'accord il avait des remords, mais comment faire pour abréger la conversation ? Quand papa s'est assis à côté de moi, au bord du lit, j'ai eu un moment de panique. Je fixais ses chaussons pour ne pas le regarder dans les yeux.

Soudain, j'ai bondi : les baskets de Malika et Rémy étaient restées en bas de l'escalier !

– Oui, je te surprends peut-être en disant ça… continuait papa.

Il les avait forcément vues en enlevant les siennes. Mais alors pourquoi ne le disait-il pas ? Jouait-il double jeu pour voir combien de temps j'allais mentir ?

Comme par hasard, à ce moment-là, Tom est entré dans la chambre et a demandé :

– C'est à qui les baskets qui sentent mauvais dans l'escalier ?

Je lui aurais mis deux claques à cet idiot ! Papa lui a lancé :

– Tu nous déranges, Tom. Je parle avec ta sœur.

J'ai soufflé. Papa n'était vraiment pas observateur.

Son discours s'éternisait :

– À propos de Malika, je retire ce que j'ai dit. C'est une fille très intelligente. Il faut simplement veiller à ne pas être trop influençable dans la vie…

Si je n'avais pas été aussi stressée, j'aurais dégusté avec délice ce grand moment de remise en question. Pour une fois que mon père revenait sur ses certitudes !

Il sortait enfin de ma chambre quand, soudain, j'ai entendu un énorme craquement derrière moi.

– Qu'est-ce que c'est, ce vacarme ? s'est inquiété papa qui devait déjà imaginer que sa maison s'écroulait.

Je lui affirmais que le bruit venait de chez les voisins, lorsque j'ai eu une vision de cauchemar : il y avait deux pieds entre le sol et la penderie.

Elle n'avait pas supporté le poids de Rémy et le fond s'était écroulé.

Il essayait de s'en extirper comme il pouvait. J'étais pétrifiée. Papa est resté bouche bée. Malika a soulevé la couette subitement en claironnant :

– Il est parti le père fouettard ? On étouffe là-dessous !

Papa a écarquillé les yeux. Malika a remonté sa lèvre supérieure et a lancé un « oups » en replongeant aussitôt sous la couette.

Papa, qui ne voulait pas passer pour un râleur, s'est exclamé calmement :

– Les souris ne sont pas discrètes cette année ! Il y en a encore beaucoup comme ça ?

Mais je lisais dans son regard que le temps de la rigolade ne durerait pas. C'est un comique, pourtant il n'apprécie pas qu'on se moque de lui, pas du tout.

Malika et Rémy sont sortis de ma chambre en s'excusant auprès de mon père. Papa a fixé le jean de Rémy qui laissait voir l'élastique de son caleçon.

– Vous avez perdu votre ceinture, jeune homme ? Et le trou au genou, c'est pour quoi ?

Rémy a paru embêté. Il a répondu que c'était « pour faire beau ».

– Effectivement ! C'est de bon goût ! a ironisé mon père.

Rémy n'a pas su quoi lui répondre. Malika l'a tiré par son pull. Je lui ai rendu son téléphone. Ils ont dévalé les escaliers et ont remis leurs chaussures en vitesse. Je les ai suivis la première pour les raccompagner.

Avant de partir, Malika m'a demandé :

– Qu'est-ce qu'il avait raconté sur moi, ton père ? Il avait dit du mal ?

– Mais non, ne t'inquiète pas.

Ce qu'elle pouvait être susceptible ces derniers temps !

– Bon courage ! m'a soufflé Rémy.

Papa les a mis dehors en leur claquant la porte au nez.

Il ne s'est pas énervé pour ne pas contredire le discours qu'il avait tenu dix minutes plus tôt. Il a juste déclaré :

– J'espère pour toi qu'on n'aura pas de mauvaises surprises sur ton bulletin.

De ce côté-là, il n'y avait pas de problème. J'avais mes notes pour me rattraper, à l'exception peut-être de celle du contrôle d'anglais.

Mais une question essentielle me hantait : après cette première entrevue, que pensait Rémy de mon père ?

Je suis remontée dans la chambre de Tom et je lui ai demandé :

– Alors, c'est quoi cette surprise ?

Il m'a tendu une pochette avec des enveloppes et du papier à lettres roses.

Conseil de classe fatal

Notre conseil de classe devait avoir lieu vendredi. Antoine était terriblement angoissé à l'idée de redoubler. Pourtant, s'il y en a un qui était sûr de passer, c'était bien lui.

Jeudi après-midi, il m'a demandé :

– Tu peux me remplacer pour le conseil demain ? Je sens que je suis malade.

– Et Paolo, il ne peut pas venir ?

– Il a judo.

En tant que suppléante, je devais prendre la place d'un délégué ou de son suppléant en cas de problème. J'étais obligée d'accepter.

Pour la première fois, on assisterait ensemble à un conseil avec Malika. Mais après trois secondes de réflexion, j'ai déchanté. Et si le conseil se transformait en tribunal ? Avec notre avertissement, on pouvait craindre le pire. On serait privées de vacances tout l'été ou peut-être pire...

Le soir, j'ai téléphoné à Malika.

– Tu crois qu'ils peuvent nous faire redoubler à cause de notre avertissement ?

– Redoubler ? Ce n'est pas le plus grave ! Ils sont capables de nous changer d'école pour nous séparer définitivement, m'a-t-elle rétorqué. Sans parler de la leçon de morale.

Cette nuit-là, je n'ai pas fermé l'œil. J'avais mal au ventre et à la tête. Quelle idée d'avoir accepté de remplacer Antoine !

Vendredi, à cinq heures, Rémy nous a accompagnées jusqu'à la salle de torture. On a dû attendre quelques minutes à l'extérieur.

– Pas de panique, a-t-il chuchoté. J'écoute à la porte et si vous avez le moindre problème, j'interviens.

Un homme est arrivé à l'autre bout du couloir. Il m'a semblé l'avoir déjà vu quelque part. Il s'est approché. Et là je l'ai reconnu : c'était le père de Jessie.

Malika m'a soufflé :

– Il est délégué des parents d'élèves. Ça va être notre fête.

– Pourquoi ne m'as-tu pas prévenue ? Je serais restée chez moi !

– Justement, je ne voulais pas que tu te débines. T'imagines ? Me retrouver toute seule face à ces gorilles !

À croire que Malika avait demandé expressément à Antoine de simuler la maladie pour me laisser sa place !

Le père de Jessie nous a saluées poliment et la porte du conseil s'est ouverte. Le principal nous a priés d'entrer.

– Je vous dis merde, a soufflé Rémy lorsqu'on a franchi le seuil de la salle.

– Vous allez le dire dans la cour, s'il vous plaît, jeune homme ! s'est indigné Longver avec sa grosse voix.

Rémy a été obligé de partir. On ne pouvait plus compter sur lui pour nous sauver. Qu'allions-nous devenir ?

Je n'osais pas regarder à plus de dix centimètres du sol de peur de croiser certains regards, et je transpirais tellement que mes doigts glissaient sur le cahier que j'avais apporté pour prendre les notes.

Le conseil de classe a commencé. Chaque professeur a exposé le bilan du trimestre. Aucun n'a évoqué l'incident, pas même le père de Jessie. Plus le temps s'écoulait et plus je stressais. Ils devaient garder le pire pour la fin.

Puis les profs ont fait les commentaires au cas par cas. Malika était avant moi dans l'ordre alphabétique. J'avais le temps de me préparer mentalement.

Personne n'a évoqué le drame de la lettre. On aurait dit qu'ils avaient tous oublié. Ou alors ils se réservaient pour la fin et ils allaient s'acharner sur moi.

– Encouragements ? a proposé le principal pour Malika.

– N'oublions pas l'incident, a rappelé Mme Pinson.

Malika n'a rien eu, ni encouragements ni avertissement. Je n'en croyais pas mes oreilles. Le père de Jessie n'a pas réagi.

Lorsque mon tour est arrivé, le miracle a eu lieu une deuxième fois : j'ai moi aussi échappé à l'avertissement.

On n'osait pas se regarder, Malika et moi. On aurait explosé de joie devant tout le monde.

Quand on est sorties du conseil, notre prof de maths a lancé :

– C'est courageux d'être venues. Vous voyez, ça s'est bien passé !

Elle nous avait vues paniquer les jours précédents.

– Pas trop mal, a répondu Malika.

Moi, j'étais vraiment soulagée. On s'en tirait mieux que je ne l'avais espéré.

– Vous n'avez pas d'avertissement. Ça ne vous fait pas plus d'effet ?

Tout à coup, j'ai eu un doute. Et si l'avertissement n'était pas sur notre bulletin mais dans notre dossier scolaire ? J'ai demandé d'une voix tremblante :

– Il n'est pas dans notre dossier scolaire non plus ?

– Il n'y est pas. Mais ce n'est pas une raison pour recommencer.

C'était du délire.

On s'est enfin regardées avec Malika.

Des élèves de notre classe nous attendaient à la sortie pour avoir leurs résultats. Ils étaient assis sur le banc. Même Antoine s'était déplacé.

– Vous n'étiez pas au courant que vous n'auriez pas d'avertissement finalement ? s'est étonnée Mlle Borniche qui sortait du conseil de classe.

Rémy n'était pas là. C'était à lui que j'aurais voulu annoncer la nouvelle en premier. Tant pis.

Sur le trajet du retour, on a explosé de joie. Malika s'est exclamée :

– Bien joué ! Ils ont eu pitié. C'est grâce à toi, Caillou. Elle est pas mal ta technique de pleurer sans arrêt pour les attendrir.

– Ce n'était pas voulu.

– Heureusement que je n'en ai pas parlé à mes parents. Je me serais fait démolir pour rien.

– Tu ne leur avais toujours rien dit ? ai-je demandé, stupéfaite. Comment tu as fait pour tenir ?

– La lettre envoyée par le collège, c'était juste pour donner la date des vacances. Alors je n'ai rien dit. Et j'ai eu raison !

Je n'en étais pas sûre. Moi ça m'avait soulagée d'en parler à mes parents.

Soudain, à l'angle de la rue, je me suis cognée contre quelqu'un qui déboulait à toute allure. J'étais sonnée. Je l'ai été encore plus lorsque j'ai reconnu le gros pull en laine… de Rémy.

Dans ses bras

Par un merveilleux concours de circonstances, je tombais dans les bras de Rémy. Dorénavant, je me sentais assez forte pour ne pas me sauver à toutes jambes.

– Je vous laisse ! a lancé Malika. Amusez-vous bien !

Elle est partie et je suis restée seule avec Rémy, dans le creux de ses bras.

Il était encore plus beau de près. Quelques gouttes de pluie ont commencé à tomber. Je ne les sentais même pas.

– Alors ? m'a-t-il demandé. Verdict ?

– Tu avais raison, on n'a pas d'avertissement. Je n'y comprends rien, mais c'est tant mieux.

Il était si content pour moi qu'il m'a serrée encore plus fort dans ses bras. Les voitures passaient à côté de nous, il m'a semblé un instant apercevoir le principal avec la remplaçante de français. Mais j'étais seule sur mon nuage avec Rémy.

Ce n'était pas le même nuage que dans mes rêves. Ici, pas de mer bleue, pas de sable chaud, pas de rocher, juste des voitures d'un côté, le collège de l'autre, les passants qui nous bousculaient. Il y avait juste le plus important : Rémy, tout autour de moi.

Il m'a regardée dans les yeux pendant un long moment. J'oubliais tout tout tout. Malika, le conseil de classe, mes parents qui m'attendaient. J'aurais pu rester comme ça des heures et des heures.

J'étais toujours blottie dans ses bras. La pluie tombait sur les verres de mes lunettes. Je voyais encore plus trouble que si je ne les avais pas. Rémy me les a enlevées délicatement et j'ai senti immédiatement après sa bouche sur la mienne.

Elle n'avait ni un goût pizza, ni un goût Mac Do, ni celui de la mer. Elle était fraîche et mouillée par la pluie. Elle avait le goût de Rémy.

Les gouttes me mouillaient le visage. Je ne savais plus si c'étaient des gouttes de pluie ou des larmes.

Il m'a regardée et m'a murmuré :

– On va être trempés !

On s'est réfugiés sous un abribus. Les voitures nous éclaboussaient sur leur passage. On n'a rien dit pendant longtemps… Puis Rémy m'a raccompagnée chez moi. Il m'a embrassée une dernière fois à l'angle de ma rue. Avant de me rendre mes lunettes.

– Je me demande toujours quelle bonne raison ils ont trouvée pour nous épargner, ai-je lancé.

– C'est grâce à cette lettre ! m'a-t-il révélé.

Il a sorti une enveloppe rose de sa poche. Je l'ai saisie immédiatement. C'était l'écriture de Jessie ! Encore une lettre ! Mais cette fois, vu la couleur, c'était plutôt une lettre d'amour.

– Le lendemain de votre avertissement, m'a-t-il expliqué, je suis allé chez elle.

– Tu sais où elle habite ?

– L'adresse est sur l'enveloppe.

Et il a ajouté :

– Je lui ai parlé de la lettre où elle dit du mal de vous. Je lui ai expliqué que si elle ne se débrouillait pas pour qu'on vous retire l'avertissement, j'irais voir le principal avec cette lettre. Finalement, elle a demandé à son père de téléphoner, mais ça n'a même pas été utile.

– Comment ça ?

– Le principal s'était déjà mis d'accord avec les profs pour ne pas vous le mettre. C'est Jessie qui me l'a dit.

Je comprenais maintenant pourquoi il avait l'air si sûr de lui lorsqu'il était venu à la maison.

J'avais les larmes aux yeux en apprenant à quel point il s'était occupé de nous sans le montrer.

Finalement, au lieu de lire la lettre et de me faire encore du mal, je l'ai déchirée en petits morceaux et je l'ai laissée tomber dans le caniveau. Rémy avait l'air content.

– Maintenant, c'est du passé ! me suis-je exclamée.

– Oui, c'est du passé, a-t-il confirmé. Ce n'est pas la peine de parler de cette lettre et du reste à Jessie.

– Tu peux me faire confiance, ai-je assuré.

– Ni à Malika… mais là, j'ai plus de doutes sur ta parole.

On a ri ensemble des secrets que je n'arrivais pas à garder dès que Malika me cuisinait pour tout savoir sur tout.

– À propos, vous pouvez vous réconcilier avec Jessie maintenant. Ça ne sert à rien de rester brouillées jusqu'en troisième. Elle n'attend qu'un mot de vous pour faire la paix.

Finalement, ce n'était pas plus mal.

– On efface tout, a conclu Rémy.

– Sauf le dernier épisode, ai-je ajouté.

Et on s'est donné encore un baiser.

Il était déjà sept heures. Je n'avais pas vu le temps passer.

– Tu penseras à moi avant de t'endormir ? m'a-t-il demandé.

– Comme d'habitude ! Et toi ?

– Je penserai à toi avant, pendant et après, belle Camille.

J'ai couru jusqu'à chez moi, trempée, le sourire aux lèvres.

Quand j'ai ouvert la porte, une bonne odeur de gâteau se répandait dans la maison.

– C'était long le conseil de classe ! s'est exclamée maman en consultant sa montre.

– Ils nous ont retiré l'avertissement, me suis-je écriée en essorant mes cheveux.

– Tant mieux ! Mais il pleut si fort que ça dehors ? Tout à l'heure, c'était juste une petite pluie fine !

– C'est le déluge maintenant !

Papa est rentré juste à ce moment-là. À deux minutes près, il me surprenait dans les bras de Rémy à l'angle de la rue.

À table, je ne regardais pas mes parents, je répondais à peine à leurs questions, j'étais sur une autre planète.

Dans le reflet de mon verre, je voyais le visage de Rémy. Il me regardait dans les yeux. Il me disait des « je t'aime » et je lui répondais rien qu'avec les yeux.

Rémy, Rémy, Rémy…

Quand Malika apprendrait la nouvelle, elle n'en reviendrait pas ! Elle l'avait attendue si longtemps ! J'étais sûre qu'elle n'espérait même plus.

Et si je ne lui disais rien ? Je n'étais pas obligée de lui faire un rapport en trois exemplaires dès que je faisais un geste ! Ça ne concernait que moi et Rémy. C'était mon jardin secret.

J'étais perdue dans mes pensées quand soudain maman m'a demandé :

– Tu as des idées pour les vacances ?

Les vacances ? Déjà ? Mais alors je ne verrai plus Rémy pendant deux mois ?

TABLE DES MATIÈRES

Confidences en permanence 7

Gribouillis et petits mots 15

Rémy, le retour 20

Attention ! Tensions et tentations 27

Les maudits mots du crapaud 36

Rira bien qui rira la dernière 43

Convoquées chez le principal 52

Toutes nos excuses 59

Explications et complications 65
Pétition contre une démission 74
Visite interdite 84
Cache-cache partie 93
Conseil de classe fatal 100
Dans ses bras 108

DU MÊME AUTEUR,
DANS LA MÊME SÉRIE

Vive la 6e !

Ma première boum

Camille organise une boum en suivant les conseils de Malika. Pour tout préparer, c'est la fièvre avant le fameux samedi soir… et l'angoisse car les garçons menacent de boycotter la soirée !

Rendez-vous à la patinoire

Camille et Malika multiplient les activités pour retrouver les garçons hors du collège. Dernière idée en date : un rendez-vous à la patinoire. Problème : elles ne savent pas patiner !

Un cœur en vacances

Ouf, la sixième
est finie !
Camille et Malika
partent en vacances
ensemble dans
les Landes,
mais la rencontre
avec un jeune surfeur
hollandais
va bouleverser
leur amitié.

DU MÊME AUTEUR, EN RAGEOT POCHE

Un jeudi à la mer

Malika, toujours aussi imprévisible, propose à Camille de passer un jeudi à la mer au lieu d'aller en cours. Camille hésite… jusqu'au moment où elle découvre que Rémy est de la partie.

Le voyage en Angleterre

Yes ! Camille, Rémy et Malika débarquent à Londres afin de parfaire leur anglais. Il pleut, mais entre la famille d'accueil bizarre, Big Ben et le shopping, le séjour linguistique s'annonce fun !

**La fête
de fin d'année**

Camille et Malika
se sont inscrites
au spectacle de fin
d'année.
Préoccupée par les
résultats du conseil
de classe, Malika
n'apprend pas
son rôle puis décide
de changer
de numéro…

L'AUTEUR

Ségolène Valente est écrivain pour la jeunesse. Elle est née en 1973 à Paris. C'était peut-être votre copine dans un collège de Seine-Saint-Denis où elle a grandi. Vous l'avez peut-être eue en prof de français à Paris où elle a enseigné pendant trois ans. Vous l'avez peut-être vue jouer au théâtre, elle a aussi été comédienne pendant de nombreuses années.
Elle a toujours écrit : son journal intime, des poésies, des articles, des nouvelles, des pièces de théâtre, des chansons. Son premier roman, *Ma Première Boum*, qui était initialement destiné à sa petite sœur Mathilde, est paru en 1999. C'est le premier volume des aventures de Camille qui connaît un grand succès.
Elle vit actuellement à Palaiseau avec son mari et ses trois fils : Gaspard, Basile et Hector. Vous avez peut-être joué au foot avec eux dans l'impasse ?

Vous pouvez la retrouver sur son site et lui envoyer un message : www.segolenevalente.fr
Retrouvez-la aussi sur Facebook.

L'ILLUSTRATRICE

Née à Montpellier d'un père français et d'une mère norvégienne, **Isabelle Maroger** a dès son plus jeune âge gribouillé partout et sur tout, de préférence sur les rideaux du salon, sur son petit frère, sa grande sœur, son chien et son chat... Cela lui a réussi car elle a poursuivi ses hautes études de gribouillage dans une vraie école de dessin, l'école Émile-Cohl de Lyon.

Désormais elle illustre des livres et des magazines pour enfants ou femmes chic. Elle aime créer des images graphiques et qui donnent le sourire :)

Isabelle Maroger vit à Lyon.

RAGEOT s'engage pour l'environnement en réduisant l'empreinte carbone de ses livres
Celle de cet exemplaire est de :
350 g éq. CO_2
Rendez-vous sur www.rageot-durable.fr

PAPIER À BASE DE FIBRES CERTIFIÉES

Achevé d'imprimer en France en avril 2016
sur les presses de Jouve
Couverture imprimée par Boutaux (28)
Dépôt légal : mai 2016
N° d'édition : 5152 - 01
N° d'impression : 2365263H